11 Février 1895. P

Succession FRANCIS MAGNARD

CATALOGUE

DES

OBJETS D'ART

ET DE

BEL AMEUBLEMENT

Louis XIV, Louis XV, Louis XVI et Premier Empire

TABLEAUX

COMMISSAIRES-PRISEURS

Me Frédéric LECOCQ
Rue Richer, 41

Me Georges DUCHESNE
Rue de Hanovre, 6

EXPERT : M. A. BLOCHE, rue de Châteaudun, 28

Paris - 1895

IMPRIMERIE MAULDE ET RENOU

A. MAULDE & Cie

IMPRIMEURS DE LA COMPAGNIE DES COMMISSAIRES-PRISEURS

Rue de Rivoli, 144. — Paris

SUCCESSION
FRANCIS MAGNARD

Le Présent Catalogue se trouve à

PARIS........	Chez	Me FRÉDÉRIC LECOCQ, Commissaire-Priseur, 41, rue Richer.
	—	Me GEORGES DUCHESNE, Commissaire-Priseur, 6, rue de Hanovre.
	—	M. A. BLOCHE, Expert près la Cour d'Appel, 28, rue de Châteaudun.
LONDRES......	—	M. F. DAVIS, 147, New Bond Street.
	—	M. J. M. JONES, Holbrook Villa, 33, Finchley Road, S. John's Wood, N. W.
ROME.........	—	M. PIATELLI, 34, Via Funari.
AMSTERDAM..		M. BOASBERG, 63, Kalverstraat.
BERLIN......	—	M. GUSTAVE LEWY, 57-58, Wilhemstrasse.

CONDITIONS DE LA VENTE

Elle sera faite au comptant.

Les Acquéreurs paieront CINQ POUR CENT en sus du prix d'adjudication.

Aucune réclamation ne sera admise une fois l'adjudication prononcée.

AVIS

La vente de **la Bibliothèque**, comprenant environ **5,000 volumes**, Histoire et Littérature, aura lieu les *14, 15 et 16 février*, salle n° 10.

Le Catalogue se distribue chez MMes LECOCQ et DUCHESNE, Commissaires-Priseurs, et chez M. E. JEAN-FONTAINE, Libraire-Expert, boulevard Haussmann, 30.

A. MAULDE et Cie, imprimeurs de la Compagnie des Commissaires-Priseurs, rue de Rivoli, 144. 1500—47973

CATALOGUE

DES

OBJETS D'ART

ET DE

BEL AMEUBLEMENT

Louis XIV, Louis XV, Louis XVI et 1er Empire

Argenterie ancienne, Étuis, Montres,
Boites, Flacons,
Porcelaines et Faïences européennes, de Chine et du Japon

BRONZES, MARBRES, TABLEAUX,

MINIATURES, PASTELS, DESSINS

Mobilier de Salon en ancienne Tapisserie

A SUJETS D'APRÈS HUET

Écrans, Commodes, Bureaux, Secrétaires, Armoires, Tables,
Sièges en bois sculpté,
en marqueterie et ornés de bronzes.

TENTURES, TAPISSERIES, TAPIS D'ORIENT

DÉPENDANT DE LA SUCCESSION DE

M. FRANCIS MAGNARD

ET DONT LA VENTE AURA LIEU

par suite de son décès

HOTEL DROUOT, SALLES Nos 9 ET 10

Les Lundi 11, Mardi 12 et Mercredi 13 Février 1895

A 2 HEURES

PAR LE MINISTÈRE DE

Me Frédéric LECOCQ	**Me Georges DUCHESNE**
Commissaire-Priseur	Commissaire-Priseur
41, RUE RICHER, 41	6, RUE DE HANOVRE, 6

Assistés de **M. A. BLOCHE,** Expert près la Cour d'Appel

28, rue de Châteaudun, 28

EXPOSITIONS

PARTICULIÈRE	PUBLIQUE
Le Samedi 9 Février 1895	Le Dimanche 10 Février 1895
De 2 heures à 6 heures	De 1 heure 1/2 à 5 heures 1/2

Entrée par la rue Grange-Batelière.

Désignation

OBJETS DE VITRINE

1 — Joli petit Étui forme gaine surmontée d'un buste de femme en lapis et cornaline blanche, monture en argent doré enrichie de pierreries du temps de la Régence.

2 — Joli Étui en or émaillé, nuance gorge de pigeon, avec guirlandes de fleurs et draperies émaillées vert et blanc, formant cachet. Époque Louis XVI.

3 — Carnet de bal dit : *Souvenir*, en or repercé et gravé sur fond laqué vert, dessin à corbeilles fleuries, amours et festons de rubans, avec inscription : *Serment d'aimer toute la vie.* Offrant d'un côté une miniature portrait de Femme, de l'autre côté un chiffre. Époque Louis XVI.

4 — Petit Étui en ivoire sculpté, à médaillons et ornements. Époque Louis XVI.

5 — Bel Étui en agate orientale recouvert d'ornements rocailles, de figures, de guirlandes et d'oiseaux en or découpé à jour. Travail attribué à De Bèche. Époque Louis XV. Dans un écrin en galuchat.

6 — Boîte rectangulaire en nacre ornée d'applications d'or, sujets mythologiques, montée en or, à charnière et à cage. Époque Louis XV.

7 — Petit Flacon en cristal recouvert d'ornements rocailles, d'oiseaux et de fleurs en or découpé à jour. Travail attribué à De Bêche. Époque Louis XV.

8 — Boîte rectangulaire en écaille fondue, avec miniature portrait d'un maréchal de camp en armure, Monture or. Epoque Louis XV.

9 — Bonbonnière en ivoire sculpté, offrant en bas-relief des sujets mythologiques. Époque Louis XVI.

10 — Boîte ovale décor en posé d'or sur fond rouge, à paillons, dessus camée coquille. Époque Louis XVI.

11 — Boîte rectangulaire en ancien émail de Saxe, décor à fleurs, intérieur à sujets. Époque Louis XV.

12 — Belle Boite en ancienne porcelaine de Saxe, décor à scènes champêtres dans des rocailles fleuries. Époque Louis XV.

13 — Boîte ovale en caillou d'Egypte ornée d'un camée tête de César. Époque Louis XVI.

14 — Petit Autel portatif en cristal de roche avec figures du Christ et des Saintes Femmes, en or émaillé enrichi de perles fines aux extrémités. Travail attribué au XVIe siècle.

15 — Montre octogonale en cristal de roche faceté, cadran et monture en argent émaillé. Style XVIe siècle.

16 — Deux petits Groupes anciens en ivoire japonais.

17 — Belle Miniature portrait de Femme en amazone. Signé à gauche Isabey et daté 1843.

18 — Jolie Miniature ovale, portrait de l'Impératrice Alexandrine Féodorowna. Signé à gauche Bovet et datée 1826.

19 — Deux jolies petites Gouaches rectangulaires représentant l'attaque d'une ville fortifiée et le passage d'une armée, compositions de nombreux petits personnages attribuées à Van Blarenberghe. Dans des cadres en bronze ciselé et doré, à nœuds de rubans, sur contre-fond en maroquin marron, doré au petit fer.

20 — Jolie Miniature attribuée à Fragonard : *L'Amour et l'Argent :* Un jeune homme assis sur un canapé essaye d'attirer près de lui une jeune femme qui, debout près d'un bureau, compte des pièces d'or.

21 — Belle Miniature attribué à Moreau : *La Déclaration :* Assis sur un banc dans un parc, un jeune amoureux, les mains jointes, fait sa déclaration à une jeune femme.

22 — Vase en ivoire offrant en bas-relief : *Le Triomphe de Bacchus.*

23 — Icone gréco-russe, cadre et ornements en argent ornés de pierreries.

24 — Tabatière ovale en argent et écaille.

25 — Tabatière en bois sculpté, à rinceaux, fleurs et animaux

26 — Figurine de Cérès en ivoire sculpté et Buste d'homme médaillon en bois sculpté.

ARGENTERIE

27 — Jolie Fontaine ancienne à anses, en argent uni orné d'armoiries, avec culot et couvercle à godrons.

28 — Grand Plateau en argent, avec bordure à jour. Époque Ier Empire.

29 — Plateau moyen et autre plus petit, analogues.

30 — Plat oblong et à contours en argent. Travail de LEBRUN.

31 — Plat oblong en argent, bordure à contours et à godrons. Travail ancien.

32 — Belle Fontaine en argent, anses à crosses et à cygnes, robinet à buste d'enfant, et couronnes posant sur trépied à cariatides de femmes ailées; accompagnée de sa lampe. Époque Ier Empire.

33 — Coupe de milieu de table, en argent ciselé, représentant des petits faunes sous un arbre et tenant des guirlandes, pieds à griffes de lions. Dessus en cristal lobé. Travail de FROMENT MEURICE.

34 — Grande Jardinière en argent ajouré, anses à têtes de béliers. Travail hollandais Louis XVI.

35-36 — Quatre Plats à légumes en argent; bordures à godrons. Travail ancien.

37 — Légumier à anses avec son couvercle et son plateau, en argent finement ciselé, décor à rosaces et feuilles de chêne. Époque Louis XVI aux poinçons vieux Paris.

38 — Beurrier à anses avec son couvercle et son plateau, en vermeil, décor : médaillons à têtes de femmes et feuilles de laurier, bouton forme écureuil. Époque Ier Empire.

39 — Deux Saucières en argent uni et lobé ; bordure à contours, anses à têtes de satyres. XVIIIe siècle.

40 — Deux Saucières avec plateaux adhérents, en argent côtelé. Époque Louis XV.

41 — Moutardier, monture en argent ciselé, modèle à têtes de béliers reliées entre elles par des guirlandes fleuries, auxquelles suspendent des médaillons. Époque Louis XVI. Fond de verre bleu.

42 — Poudrière à sucre, en argent côtelé et repoussé, décor à arabesques feuillagées. Style Louis XV.

43 — Porte-Cure-Dents, en argent ajouré et gravé.

44 — Écuelle avec couvercle, en argent, décor finement gravé, à ornements, animaux et volatiles, avec anses plates ciselées, à armoiries accostées de figures d'enfants. Époque Louis XIV.

45 — Huilier en argent, avec colonne cannelée surmontée d'un vase à anses, godets avec frises ajourées à arabesques, accompagné de ses burettes, en cristal taillé. Époque fin Louis XVI.

46 — Bel Huilier, en argent ciselé, à rocailles et guir-

landes de vigne, orné d'une armoirie. Accompagné de ses burettes, en cristal bleu. Époque Louis XV.

47 — Jolie Lampe à trois feux, en argent ciselé et gravé, porté par une statuette représentant Mercure, accompagné de ses accessoires suspendus à des chaînettes. Pied en forme de fût de colonne cannelée, avec base à feuilles de laurier. Époque Ier Empire.

48 — Deux belles Girandoles, à quatre lumières, en argent anglais, forme gaines, surmontées de brûle-parfums, avec branches contournées. Époque Louis XVI.

49 — Deux Girandoles, en argent, à trois lumières dauphins portant les binets et au milieu surmontées d'un coq. Époque Ier Empire.

50 — Théière en argent gravé, à ornements, anse en ébène sculpté, à tête de nègre, bec forme dauphin. Époque Louis XIV. Travail français.

51 — Cafetière en argent, décor gravé et repoussé, à attributs de jardinage et gerbes de fleurs. Travail français, aux poinçons vieux Paris Louis XVI.

52 — Cafetière sur trois pieds, en argent, forme cotelée, pieds à rocailles et perlés. Époque Louis XV.

53 — Moutardier en argent ajouré. Époque Ier Empire.

54 — Deux Salières du même genre.

55 — Sonnette de table en argent uni.

56 — Sucrier en argent ciselé, décor à médaillons, à

bustes de personnages reliés par des guirlandes. Époque Louis XVI.

57 — Flambeau de bouillotte, à deux lumières, en argent ciselé et gravé. Style Louis XIV.

58 — Petit Poëlon sur trépied, en argent uni, poignée en ivoire, accompagné de sa lampe.

59 — Deux Coquetiers argentés.

60 — Coquetiers en argent gravé.

61 — Dix-huit Fourchettes et douze Cuillers en argent, à rocailles et filets. Style Louis XV.

62 — Douze Couverts d'entremets, en argent guilloché et à écussons.

63 — Dix Cuillers à café en argent, à rocailles et filets.

64 — Louche en argent, même modèle.

65 — Service à poissons, en argent guilloché.

66 — Brosse avec monture en argent repoussé, décor à grappes de fruits. Travail hollandais. Époque Louis XIII.

67 — Pot à crème en argent, décor cerclé.

68 — Pot à crème en argent, bordure perlée et dessin gravé. Époque Ier Empire.

69 — Pot à crème tripode en argent, orné de médaillons représentant des figures de femmes. Époque Ier Empire.

70 — Beurrier en verre opaque, monture en argent, représentant une ronde de femmes. Époque Ier Empire.

71 — Joli verre bleu incrusté d'argent, à guirlandes et couronnes de roses avec médaillon chiffré. Style Louis XVI.

72 — Corbeille à pain, de forme octogone, en argent, représentant une assemblée de personnages au milieu d'un parc, bordure à jour et perlée. Époque fin XVIIIe siècle.

73 — Deux Salières bouts de table en argent finement ciselé, dessin à guirlandes, têtes de béliers et médaillons avec petit vase orné d'anses à têtes de lions et guirlandes de laurier. Époque Louis XVI.

74 — Deux Cuillers à ragout en argent, à rocailles et à filets.

75 — Pelle à fraises en argent. Style Louis XV.

76 — Service à glace en argent et vermeil.

77 — Dix-huit petites Cuillers à glace, en argent et vermeil.

78 — Deux Porte-menus en argent, forme jardinières fleuries.

79 — Service à poisson, Pelle à asperges, Ciseaux à raisins, Pince à sucre et Manche à gigot en argenture.

80 — Douze Fourchettes à huîtres argentées.

81 — Six Dessous de carafes en argent, à bords festonnés.

82 — Douze Pots à crème, forme casserole, en argenture de Christophle.

83 — Dix-huit Couteaux de table, manches en ivoire.

84 — Écrin contenant vingt-quatre couteaux à lames d'acier et vingt-quatre autres à lames en vermeil, manches en nacre.

85 — Douze Couteaux d'entremets, manches et lames en argent.

86 — Dix-huit autres à lames en acier, manches en argent.

87 — Couteau à fromage, lame en acier gravé.

88 — Paire de flambeaux en argent, Louis XV.

PORCELAINES ET FAIENCES

89 — Plaque en ancienne faïence de Delft, décor en camaïeu violet et polychrome à personnages dans des paysages, sous une tente.

90 — Plat octogone en porcelaine de Frankenthal, représentant un ara sur un arbuste, bordure à jour sur fond bleu.

91 — Bas-relief en terre émaillée, représentant un carrosse sur la route de Paris, cadre en chêne.

92 — Vase cylindrique, Porte-parapluies en porcelaine du Japon, à oiseaux dans des arbustes, en bleu sur blanc.

93 — Groupe en vieux Saxe : *les Quatre Saisons*, sur socle à rocailles en bronze doré.

94 — Groupe de deux Amours, en vieux Saxe, socle à rocailles, en bronze doré.

94 *bis*. — Deux figurines en vieux Saxe, marchand de fruits et femme orientale.

95 — Petit Flacon en vieux blanc de Saxe : *l'Enfant et la Chèvre*.

96 — Trois Figurines en verre de Venise : *Personnage oriental, Moine en prière et Paysanne*.

97 — Figurine en vieux Vienne : *la Femme au parasol*.

98 — Figurine en vieux Saxe : *Paysanne portant des pichets*.

99 — Figurine de Saxe : *Petite Paysanne*.

100 — Petit vase miniature en vieux blanc de Chine, décor en sopra bianco sur blanc.

101 — Grande Vasque en terre émaillée, décor à épis.

102 — Grande Potiche en porcelaine de Chine, fond gros bleu, à personnages et oiseaux, avec médaillons réservés sur fond blanc, couvercle surmonté d'une chimère.

103 — Vase à quatre faces, en porcelaine de Chine, à chimères dans des nuages, en bleu sur blanc.

104 — Groupe de Coq, Poule et Poussins en faïence décorée et rehaussée d'or dans le genre de Satzuma.

105 — Vase en terre émaillée verte, dessin sous couverte à branchages fleuris. Travail d'Auguste DELAHERCHE.

106 — Deux Flambeaux en porcelaine de Saxe, à rocailles.

107 — Grande Potiche en faïence de Delft, décor à sujets chinois en bleu.

108 — Deux Vases forme barils, en poterie du Japon, décor à sujets grotesques en émaux de couleur sur fond brun.

109 — Vase en vieux Chine, famille rose, décor paysage.

110 — Potiche en vieux Delft, décor sujet champêtre.

111 — Vase forme poissons en faïence émaillée, monture en bronze fumé dans le goût chinois.

112 — Fontaine en faïence de Rouen, décor polychrome à guirlandes et lambrequins.

113 — Vase forme bouteille en céladon de Chine bleu turquoise.

114 — Vase de Chine, décor à branchages et à lambrequins en bleu et rouge de fer.

115 — Deux Vases de Kioto, décor à fleurs et oiseaux en relief.

116 — Vase de Moustiers, décor à cartels, sujets mythologiques et guirlandes en polychrome.

117 — Jardinière forme boule, en porcelaine de Chine, famille verte, décor à oiseaux dans des branchages et à scènes de guerriers.

118 — Deux Vases forme bouteille en porcelaine de Chine, fond gros bleu à dragons dans des nuages en polychrome.

119 — Deux Jardinières sur pied en porcelaine blanche.

120 — Deux Cache-Pots en porcelaine blanche, anses à têtes de dauphins.

121 — Jardinière en terre émaillée de Menton, décor en relief à branches de citronnier.

122 — Support en terre émaillée bleue.

123 — Théière en porcelaine, décor à fleurettes et guirlandes de feuillage en or, anse en cuivre ajouré.

124 — Tasse avec soucoupe et couvercle en ancienne porcelaine de Saxe, décor à fleurs et médaillons à sujets militaires.

125 — Tasse dite Trembleuse en porcelaine de Berlin, décor à sujets de chasse, animaux, fleurs et insectes.

126 — Grand Bol en porcelaine d'Allemagne, décor à bouquets de fleurs.

127 — Tasse et Soucoupe en porcelaine de Sèvres moderne, fond gros bleu au chiffre de Louis-Philippe en or.

128 — Tasse et Soucoupe en porcelaine blanche rehaussée d'or, décorée d'un médaillon à figure de Cérès.

129 — Plat en porcelaine de l'Inde, décor central à armoiries, bordure à arabesques en or sur fond blanc.

130 — Plat long à bords contournés en porcelaine de Chine, décor à sujet maritime.

131 — Aiguière en porcelaine de Chine, décor polychrome avec médaillons à figures de petits Chinois sur fond noir.

132 — Bannette en faïence de Rouen, décor polychrome.

133 — Quatre Assiettes en porcelaine de Chine et du Japon, décor à personnages.

134 — Deux Assiettes en porcelaine d'Allemagne, à bords gaufrés, décor à fleurs.

135 — Cinq Assiettes en faïences françaises, décorées de sujets saints, de fleurs et d'oiseaux.

136 — Jardinière en faïence, décor à fleurs, ornée au centre d'un médaillon représentant en relief un groupe d'enfants jouant avec un chèvre.

137 — Petit Beurrier en faïence, décor bleu; petite Ecuelle en faïence à figures de la Vierge et de l'Enfant Jésus, et un petit Pot en porcelaine de l'Inde, décor à personnage.

138 — Deux Assiettes en porcelaine de Chine, décor à fleurs.

139 — Plat en faïence de Delft, décoré de fleurs en bleu sur fond blanc, bordure quadrillée à réserves de fleurs.

140 — Plat de Delft représentant au centre le Sacrifice d'Abraham.

141 — Plat octogonal en faïence de Rouen, décor bleu à rosace.

142 — Plat à huit pans, en porcelaine de Chine, décor à la pagode et à personnage sur une jonque.

143 — Beau Groupe en porcelaine d'Allemagne à sujet galant.

144 — Théière en Chine décorée de paysage et de lambrequins en bleu sur fond blanc.

145 — Deux Plats en vieux Delft polychrome.

146 — Cinq Assiettes en faïence de Strasbourg, à fleurs.

147 — Plat en faïence, décor central à paysage en camaïeu, bordure à fleurs et rinceaux ton sur ton et une Assiette en porcelaine à fleurs.

148 — Verrière en faïence, bordure à feuille de choux, décor à fleurs, fruits et oiseaux.

149 — Cafetière en faïence, fond truité bleu, décorée de fleurs et de fruits.

150 — Groupe en biscuit : Jeune Fille et Enfant.

151 — Fontaine à thé en porcelaine du Japon, supportée par trois figurines.

152 — Groupe de Musiciens et Jeune Femme en ancienne porcelaine blanche.

153 — Jardinière forme demi-lune en faïence, décor en camaïeu violet à sujets d'Amours.

154 — Six Assiettes en faïence de Moustiers, Strasbourg, Marseille, Delft, etc., décor à fleurs, personnages et inscriptions.

155 — Trois Assiettes en porcelaine de la Chine, de l'Inde et du Japon, décorées de paysages, fleurs et armoiries.

156 — Plat en faïence à bordure ajourée, décor à fleurs, petite Assiette en ancienne porcelaine blanche à jour et à guirlandes de feuillages.

156 *bis* — Deux Assiettes en porcelaine décorées de paysage et sujet galant en camaïeu.

157 — Fontaine en faïence, décor de Rouen, à fleurs et monuments, ornée de mascarons à têtes de satyres.

158 — Deux Chimères en porcelaine céladon bleu de Chine, supportant des figurines.

159 — Petit Groupe en ancien blanc de Saxe.

160 — Paire de Vases en faïence de Marseille, décor à paysages et attributs champêtres, monture en bronze.

161 — Pendule Louis XVI en biscuit. Le socle est orné d'une frise à bacchanale d'enfants en bronze ciselé et doré, et le cadran de forme octogonale est surmonté d'une Statuette de Fileuse en biscuit.

162 — Deux Groupes en biscuit, à figures de Jeunes Femmes et d'Amours posés sur socles en bois sculpté et doré à colonnes cannelées supportant des vases de fleurs.

163 — Deux Cornets en ancienne porcelaine de Chine, famille rose décor à personnages et paysages.

BRONZES, SCULPTURES

164 — Paire de beaux Candélabres Louis XVI, formés de statuettes d'enfants, en bronze patine foncée tenant des lances, se terminant par des rinceaux à cinq

lumières et posant sur des fûts de colonnes en porphyre oriental à base carrée en bronze doré.

165 — Paire de Jolis Chenets Louis XVI, formés par un chien et un chat, en bronze patine foncée, assis sur des coussins, posant sur des terrassements en bronze doré.

166 — Petit Vase en Spathfluor, monture en bronze finement ciselé et doré, anses à têtes de femmes, époque Louis XVI.

167 — Joli Petit Lustre à six lumières, en bronze ciselé doré et émaillé bleu, orné de têtes de femmes et de rinceaux. Epoque Louis XVI.

168 — Paire d'Appliques en bronze ciselé et doré, formé par des cariatides de génies ailés, portant des corbeilles avec cinq branches de cinq lumières. Epoque Ier Empire.

169 — Lampe formée par une statuette de génie ailé, en bronze patine brune, et posant sur colonne en bronze doré. Epoque Ier Empire.

170 — Pendule Louis XVI, forme vase en bronze ciselé et doré, anses à têtes de lions, base à guirlandes de feuilles de chêne et glands. Cadran signé : Ferdinand Berthoux.

171 — Paire de Lampes formées de vases cylindriques en porcelaine de Chine, fond jaune, décor en émaux vert et blanc et en relief à ibis et autres oiseaux, monture en bronze fumé dans le goût chinois.

172 — Statuette de femme en terre cuite : *la Terreur*, de Carpeaux.

173 — Coupe de milieu de table, en bronze ciselé et doré, portée par deux statuettes de bacchante, posant sur un fût de colonnes ornées de bas-reliefs d'amours tenant des guirlandes. Epoque Ier Empire.

174 — Lampe forme colonne cannelée, en bronze argenté, système Hinck.

175 Pendule forme borne, à cadran tournant, avec statuette de Flore indiquant les heures, en bronze à patine foncée avec frise et guirlandes en bronze doré, socle en marbre vert. Epoque Ier Empire.

176 — Vase en cristal vert taillé, monture en bronze ciselé et doré. Epoque Louis XVI.

177 — Paire de Lampes formées de vases en porcelaine de Chine, fond vert, décor à volatiles et pivoines, monture en bronze doré, style Louis XVI.

178 — Fontaine en bronze ancien du Japon, anses et robinets forme dragons, couvercle surmonté de deux tortues.

179 — Cassolette en porphyre vert sur pieds en bronze ciselé et doré. Style Louis XVI.

180 — Lustre en verre de Venise, à huit lumières.

181 — Deux Statuettes : Petite Fille et Amour en marbre blanc sur fût de colonnes cannelées, avec contre-socles en marbre rouge. Style Louis XVI.

182 — Jolie Pendule en bronze ciselé et doré, représentant, sous les figures de trois enfants assis, des allégories au commerce, à la guerre et à la marine. Terrassement à rosaces et cadran. Signé : *Bunon, à Paris.* Epoque Louis XVI.

183 — Deux Chenets Louis XV, en bronze ciselé et doré : Enfants assis dans des rocailles.

184 — Paire d'appliques à deux lumières, en bronze et émaillé, à branchages fleuris. Epoque Louis XV.

185 — Deux Vases cylindriques en bronze, imitant la vannerie, avec papillons émaillés en relief.

186 — Jardinière ovale en marbre rouge veiné sur pied forme gaine en marbre blanc veiné et turquin.

187 — Bras d'applique, en fer forgé, avec lampe en cuivre rouge, système DUPLEIX.

188 — Lustre en verre de Venise, à huit lumières, ton opalin et de couleur.

189 — Jolie Statuette en marbre blanc : l'Amour guetteur, attribué à CANOVA, sur un fût de colonne cannelée en marbre rouge.

190 — Paire de jolis Candélabres à trois lumières, en bronze ciselé et doré, avec branchages émaillés, richement garnie de fleurs en ancienne pâte tendre de Sèvres. Epoque Louis XV.

191 — Petit Coffret, forme piano à queue, en cristal taillé, garniture en bronze doré. Epoque Ier Empire.

192 — Flambeau de bouillotte, en bronze, à quatre lumières supportées par des cariatides de femmes. Epoque Ier Empire.

193 — Paire de Flambeaux formés de nymphes drapées, en bronze patine foncée, portant des corbeilles de fleurs et fruits, sur socles en marbre rouge griotte garni de bronzes dorés.

194 — Deux Flambeaux en bronze doré, orné de feuillages et de grappes de raisin. Epoque Ier Empire.

195 — Ibis formant cassolette, en bronze ancien du Japon.

196 — Galerie de foyer et deux Chenets en bronze doré. Louis XV.

197 — Joli petit Candélabre à deux lumières, en bronze, formé par une branche garnie de fleurs en porcelaine de Saxe, posant sur un socle rocaille orné d'une figurine de brebis en vieux Saxe. Epoque Louis XV.

198 — Pendule en bronze ciselé et doré, offrant de chaque côté du cadran des figures d'hommes soufflant dans des conques marines; elle est surmontée d'une statuette de femme puisant à une source et pose sur un socle orné d'une frise à figures de jeunes femmes traînant le char de l'Amour.

199 — Pendule forme lyre, en bronze ciselé et doré, cadran orné de strass, socle en marbre blanc à guirlandes de fleurs en bronze. Epoque Louis XVI.

200 — Statuette de Mercure, en bronze, sur socle. Modèle pour la fonte.

201 — Statuette en bronze, Moïse. Edition de BARBEDIENNE.

202 — Paire de Chenets en fer, à fleurs de lys, avec Pelle et Pincettes.

203 — Vase en bronze antique, décor d'animaux en relief.

204 — Deux Aiguières, forme casque, en cuivre argenté et gravé d'écussons armoriés.

205 — Paire de grands Candélabres à trois branches en métal argenté, décor de feuillages et d'armoiries.

206 — Pendule en bronze doré au mat, formée par une bibliothèque supportant le cadran et ornée sur le devant de deux statuettes d'enfants lisant. Socle à guirlandes de fleurs. Époque Ier Empire.

207 — Petit Lustre forme lampe juive, en cuivre poli, à quatre lumières.

208 — Jardinière en émail cloisonné de la Chine, fond jaune, ornements à vases fleuris et objets d'ameublement.

209 — Paire de Chenets Louis XIII en cuivre poli, à figures d'hommes et boules fleurdelysées.

210 — Petite Coupe en bronze, décorée en relief d'une chasse aux lapins. Signée : CAIN.

211 — Pendule à cage, en bronze.

212 — Pendule en marbre blanc et bronze, à rinceaux et vases fleuris, surmontée d'une lyre couronnée par un soleil. Époque Louis XVI.

213 — Paire de Vases à deux anses, avec Plateaux en cuivre jaune.

214 — Cafetière avec Lampe et Plateau en cuivre jaune ajouré.

215 — Paire de Candélabres en métal argenté, à trois lumières formées par des rinceaux feuillagés, à têtes de béliers, posés sur une colonne cannelée.

216 — Quatre Appliques en bronze et bronze doré. Époque Ier Empire.

217 — Pendule borne en marbre gris, cadran en cuivre argenté et ajouré.

218 — Groupe équestre en bronze du Japon.

219 — Petite Horloge forme monument, en cuivre gravé.

220 — Vase jardinière avec Plateau en bronze et émail cloisonné français. Travail de Barbedienne.

221 — Petite Pendule en marbre blanc, à colonnes et entablement supportant le cadran. Époque Louis XVI.

MOBILIER

222 — Très beau Meuble de salon composé d'un Canapé, deux Bergères et six Fauteuils en ancienne tapisserie d'Aubusson du temps de Louis XVI, représentant aux dossiers de charmantes compositions d'après Huet; scènes champêtres à petits personnages dans

des médaillons à draperies roses frangées d'or, enguirlandés de fleurs et encadrés de rocailles. Les dessus des sièges offrent des allégories aux fables de La Fontaine, contrefond clair. Bois sculpté et doré.

223 — Écran en ancienne tapisserie d'Aubusson du temps de Louis XVI, représentant des chiens se jetant sur des volatiles, composition inspirée d'Oudry, dans un médaillon à draperie rose frangée d'or, encadré d'ornements et de guirlandes de fleurs, contre-fond vert d'eau. Bois à filets dorés sur fond réchampi de gris.

224 — Six jolis Fauteuils en bois sculpté et doré, dessin à rais de cœur, nœuds de rubans enroulés et rosaces, pieds cannelés, couverts en ancienne soierie rayée et brochée à fleurs. Époque Louis XVI.

225 — Très jolie Commode en bois satiné et palissandre richement garnie de bronzes finement ciselelés et dorés, dessin à vase et entrelacs fleuris, sphynx ailées tenant un médaillon représentant une tête de Méduse, guirlandes de laurier, encadrement à rais de cœur, dessus en marbre rouge veiné, s'ouvrant sur le bandeau à trois petits tiroirs et devant à deux grands tiroirs. Époque Louis XVI.

226 — Très beau Régulateur en bois d'acajou incrusté de filets et orné de moulures en cuivre, forme obélisque, avec grande lunette lenticulaire à glace biseautée, renfermant le mouvement se mouvant sous l'impulsion du balancier, Signé : *Berthoud. à Paris*, posant sur une vitrine, avec glace et fond de glace biseautée, formant gaine. Époque fin Louis XVI.

227 — Joli petit Bureau de dame, en bois de rose, le bas

s'ouvrant à un tiroir et deux portes pleines, le haut à coulisses et deux tiroirs avec dessus en marbre blanc et galerie ajourée, orné de bronzes ciselés et dorés représentant des bas-reliefs à jeux d'enfants, guirlandes entrelacées et chutes de fleurs avec carquois. Époque Louis XVI.

228 — Deux Encoignures en bois de rose et marqueterie de bois de luxe, représentant des trophées de musique, garnies de bronzes ciselés et dorés à rocailles, dessus en marbre noir veiné. Époque Louis XV.

229 — Petit Secrétaire en marqueterie de bois de rose, et palissandre, dessin à tiges fleuries garni de bronzes, dessus en brocatelle d'Espagne. Époque Louis XVI.

230 — Petit Bureau plat, forme Louis XVI, en bois de rose et palissandre, orné d'applications en cuivre gravé, dessus en cuir grenat doré au petit fer.

231 — Belle Horloge en bois noir orné de filets de cuivre et de bronzes dorés. Le haut, d'aspect architectural à cadrans multiples, est orné d'un haut-relief en bronze doré et finement ciselé, représentant *les Sciences, les Arts, la Poésie, les Lettres*, composition de neuf personnages, appliquée sur une peinture à scène allégorique, mouvement compliqué à musique, jouant huit airs. Époque Louis XIV.

232 — Deux Marquises en bois rechampi de gris, couvertes en soierie bleue et crème brochée à festons et bouquets de fleurs. Louis XVI.

233 — Deux Chaises en acajou ornées de filets de cuivre,

dossier et pieds à fines colonnettes cannelées, siège couvert en soierie ancienne, fond vieux rose broché à fleurs. Style Louis XVI.

234 — Petite Table tricoteuse en acajou garni de filets de cuivre. Époque Louis XVI.

235 — Table-Bureau en marqueterie de bois de rose, palissandre et amaranthe garnie de filets de cuivre, s'ouvrant à un tiroir. Style Louis XVI.

236 — Table à jeu en marqueterie hollandaise, dessin à jardinière fleurie. Époque Louis XVI.

237 — Table à thé, forme à contours en bois peint et gravé à roseaux fleuris.

238 — Pupitre à hauteur d'appui en acajou, orné de filets et moulures en cuivre, s'ouvrant à une porte et un tiroir. Époque Louis XVI.

239 — Petit Meuble d'entre-deux à hauteur d'appui, en bois de rose et palissandre, s'ouvrant à trois tiroirs et deux portes ornés de bronzes représentant des lyres enguirlandées et un trophée de musique, dessus en marbre noir veiné. Époque fin Louis XVI.

240 — Meuble crédence en noyer sculpté, corps détaché de fines colonnettes, s'ouvrant à une porte, offrant en relief Jupiter tenant ses foudres, sculpté dans un médaillon, surmonté d'un bandeau représentant deux sphynx ailées tenant un écusson, et un tiroir à gaudrons. Travail de style Renaissance, d'après DUCERCEAU.

241 — Psyché en acajou, avec glace encadrée de bronzes finement ciselés et dorés, à guirlandes de laurier et têtes de femmes. Les montants sont surmontés de

figurines de joueurs de mandoline et de cythare. Époque Ier Empire.

242 — Commode en bois de violette et palissandre, s'ouvrant à quatre tiroirs, ornée de bronzes à rocailles, dessus en marbre rouge. Epoque Louis XV.

243 — Petite Commode en bois de rose et palissandre, s'ouvrant à deux tiroirs, ornée de bronzes ciselés, dessus en marbre rosé. Époque Louis XV.

244 — Deux jolis Fauteuils en bois sculpté, dessin à piécettes enfilées, couverts en ancienne tapisserie d'Aubusson. Les dossiers offrent des scènes à petits personnages, et les sièges des allégories aux Fables de La Fontaine. Époque Louis XVI.

245 — Écran en bois des îles sculpté dans le goût chinois avec panneau en satin brodé de Chine, représentant des personnages.

246 — Petite Toilette duchesse, en acajou, garni de bronzes dorés, s'ouvrant à un tiroir, surmontée d'une glace forme écusson. Époque Ier Empire.

247 — Bureau plat en acajou ouvrant à deux tiroirs et tablettes aux extrémités, richement garnis de bronzes dorés. Époque Ier Empire.

248 — Bureau cylindre en bois de citronnier, décoré de médaillons à scènes d'enfants et de guirlandes de fleurs. A l'intérieur formant pupitre couvert de cuir rouge doré au petit fer. Époque Louis XVI.

249 — Trois grandes Bibliothèques en chêne ciré et filets dorés.

250 — Écran en noyer avec panneau en drap gris brodé à perroquet et ornement en soie.

251 — Fauteuil à haut dossier en noyer sculpté, couvert en tapisserie au point et au petit point à personnages, dragons et ramages. Époque Louis XIII.

252 — Grand Fauteuil à haut dossier, en noyer sculpté, couvert en tapisserie au point et au petit point représentant au dossier le Jugement de Salomon. Époque Louis XIII.

253 — Deux Glaces ovales et biseautées avec cadre à fronton en bronze doré, offrant des cariatides de femmes accostées à une coquille renfermant l'Amour, au dauphin supporté par des cariatides de nymphe et de faune sur gaine se terminant par trois pieds à griffes en bronze patine foncée. Époque Ier Empire.

254 — Deux petites Glaces gravées offrant Mars et Vénus avec cadre à fronton en bois sculpté et doré. Époque Louis XIV.

255 — Écran en velours bleu brodé, à bouquets et gerbes de fleurs, encadré de peluche rose.

256 — Meuble argentier en chêne sculpté, forme à contours, décor à attributs de musique, rocailles et oiseaux. Le haut s'ouvrant à trois portes vitrées et le bas à deux portes pleines. Époque Louis XV.

257 — Desserte en noyer sculpté à colonnettes, dessus en marbre rouge. Style Renaissance.

258 — Table carrée à deux allonges en noyer, pieds à

colonnes et entre-jambes à balustrades. Style Renaissance.

259 — Huit Chaises forme Louis XIII, en acajou ciré, couvertes en cuir rouge.

260 — Écran en bois finement sculpté, dessin offrant un trophée de musique suspendu par des nœuds de rubans, encadrement à rocailles se détachant sur un ressaut. Époque Louis XV.

261 — Support rond en bois de fer de Chine sculpté, dessus en marbre.

262 — Support en bois noir sculpté dans le goût chinois.

263 — Table en noyer sculpté, pieds à petits balustres. Style Renaissance.

264 — Porte-Manteau et Parapluies en noyer sculpté, à fond de glace biseautée. Style Renaissance.

265 — Pied support en bois noir sculpté dans le goût chinois, dessus en marbre rouge.

266 — Tabouret ou Support en bois de fer sculpté de Chine, dessus en marbre.

267 — Deux Supports en bois de fer sculpté de Chine.

268 — Cinq Fauteuils en bois sculpté Louis XIII, recouverts en ancienne tapisserie à fleurs, cloutés de fleurs de lys en cuivre.

269 — Support chinois en bois sculpté, à dessus de marbre.

270 — Table en bois sculpté, de style Louis XIII, posée sur quatre pieds à balustres feuillagés, dessus en drap rouge.

271 — Deux Vitrines d'Encoignure en marqueterie de bois.

272 — Petite Commode à deux tiroirs en palissandre, ornée de bronzes dorés, dessus en marbre. Époque Louis XV.

273 — Commode forme demi-lune en marqueterie de bois, acajou et palissandre, décor à trophées d'instruments de musique et vases de fleurs, dessus en marbre. Époque Louis XVI.

274 — Canapé et deux Fauteuils en noyer sculpté, rehaussé d'or de style Louis XVI, recouverts en tapisserie au petit point sur fond gris; vues de châteaux et médaillons à attributs champêtres.

275 — Deux Poufs en peluche, recouverts en soie de Chine brodée.

276 — Meuble à deux corps en noyer sculpté, s'ouvrant à quatre portes. Les panneaux offrent des personnages allégoriques aux saisons. XVIe siècle.

277 — Petite table servante en acajou ciré, s'ouvrant à un tiroir et une tablette pour écrire, ornée de bronzes finement ciselés, dessin à rinceaux, pieds reliés par un croisillon, dessus en marbre vert. Style Louis XVI.

278 — Petite table s'ouvrant à trois tiroirs, en acajou, garnie de filets de cuivre, dessus en marbre blanc et galerie à jour. Époque Louis XVI.

279 — Petite Table ovale en bois d'acajou et de palissandre orné de bronze et de filets de cuivre, dessus en marbre spath. Époque Ier Empire.

280 — Meuble d'appui s'ouvrant à un tiroir et deux portes en acajou orné de bronzes ciselés et dorés à figures de génies ailés tenant des couronnes. Époque Ier Empire.

281 — Petite Console en bois sculpté et doré à rocailles, dessus en marbre brèche d'Alep. Époque Louis XV.

282 — Bureau à cylindre, formant commode, en bois de rose, entrées de serrures et poignées en bronze ciselé et doré, médaillons à têtes de personnages et de méduses. Époque Louis XVI.

283 — Écran en noyer sculpté, rehaussé d'or, avec panneau en satin crème orné d'anciennes broderies de soie et d'argent représentant la Cène dans un encadrement à guirlandes de fleurs.

284 — Toilette duchesse en acajou, orné de bronze doré, dessus avec glace et marbre blanc. Époque Ier Empire.

285 — Secrétaire en bois rose et palissandre, orné de bronzes, dessus en marbre. Époque Louis XV.

286 — Fauteuil en bois noir sculpté, couvert en velours vert olive frappé. Style Louis XV.

287 — Coussin en tapisserie, représentant l'Annonciation, encadré de gerbes de roses et de tulipes. Époque Louis XIII.

288 — Grande Armoire en noyer ciré à quatre portes vitrées et deux à glaces biseautées.

289 — Chaise à haut dossier, forme Louis XIII, couverte en soierie brochée à fleurs.

290 — Beau Lit de milieu en citronnier, à colonnes cannelées, ornements et fronton en bronze ciselé.

291 — Petit Secrétaire en acajou à dessus de marbre bleu turquin et galerie de cuivre. Époque Louis XVI.

292 — Chaise de style oriental, en bois incrusté d'étain, avec appliques et ornements en cuivre rouge, recouverte en parchemin à franges de soie.

293 — Support en bois noir sculpté, à têtes d'éléphants, style chinois.

294 — Chaise longue, avec coussin couvert en ancienne soie, fond gris, brochée à bouquets de fleurs.

295 — Belle et grande Armoire en noyer sculpté et ciré, fronton à corbeille de fruits et couronne de feuillages, montants à vases fleuris et grappes de raisins, ornements en fer découpé. Époque Louis XV.

296 — Horloge d'applique en marqueterie de bois. Époque Louis XIV, travail hollandais.

297 — Panetière en noyer sculpté et ciré. Époque Louis XV.

298 — Buffet Louis XV en noyer ciré, sculpté et gravé, ornements en fer découpé.

299 — Armoire en acajou, à filets de cuivre, ouvrant à deux portes, parties à glaces. Style Louis XVI.

300 — Petite Table vide-poche, de forme Louis XV, en bois laqué rouge orné de bronzes, décorée de peintures à sujets galants et médaillons de fleurs.

301 — Meuble vitrine en racine de noyer et marqueterie de bois, à fronton sculpté, orné de figures allégoriques. Époque Louis XV, travail hollandais.

302 — Buffet-vaissellier en noyer garni de cuivre.

303 — Traîneau formant jardinière en bois laqué, fond rouge décoré de peintures à sujets champêtres, ornements en bois sculpté et doré à feuillages et figures d'amours.

304 — Fauteuil marquise en noyer sculpté de style Louis XV, recouvert en étoffe rouge à bouquets et guirlandes de fleurs.

305 — Fauteuil recouvert en peluche violette brodée à fleurs.

306 — Fauteuil confortable recouvert en ancienne soie brochée à bouquets de fleurs sur fond crème.

307 — Glace biseautée dans un cadre en bois sculpté et doré, fronton à vase de fleurs. Epoque Louis XVI.

308 — Petit Miroir formé par un reliquaire en bois sculpté et doré, supporté par une statuette d'ange. Epoque Louis XIII.

309 — Glace en deux parties dans un cadre en bois sculpté et doré à fronton. Epoque Louis XV.

310 — Panetière en noyer sculpté à vases feuillagés et gerbes d'épis.

311 — Petite Table en noyer sculpté, style Louis XIII, dessus formé d'une plaque en ancienne faïence de Moustiers, à sujet mythologique et guirlandes de fleurs.

312 — Ecran en bambou avec feuille en soie de Chine brodée sur fond gros bleu, à personnages sur un éléphant blanc.

313 — Banquette en noyer, garnie de cuir, cloutée d'ornements en cuivre, travail portugais.

314 — Pétrin en noyer sculpté, à corbeille fleurie et guirlandes de feuillages.

315 — Paire de Colonnes torses en bois sculpté à ceps de vigne. Epoque Louis XIII.

316 — Meuble Cabinet en bois noir incrusté d'ivoire. Epoque Louis XIII.

317 — Commode de forme contournée en marqueterie de bois à fleurs, ornée d'incrustations d'ivoire à figures d'hommes et de femmes couchés. Epoque Louis XIII.

318 — Deux Glaces, cadres sculptés et dorés, Louis XV, formant appliques à deux lumières.

319 — Glace avec cadre en bois sculpté et doré, fronton à coquille.

320 — Glace longue, cadre doré à fronton feuillagé.

321 — Canapé couvert en ancien brocart à fleurs sur fond jaune, bordure en velours frappé vert, le bas à draperies.

322 — Petit Bureau de dame en palissandre et bois rose. Epoque Louis XV.

323 — Vitrine bibliothèque en palissandre et bois rose ornée de bronzes, dessus de marbre rouge. Epoque Louis XVI.

324 — Petite Commode à quatre tiroirs, en marqueterie de bois à fleurs, travail hollandais.

325 — Fauteuil et deux Chaises en noyer sculpté, de style Louis XIII, recouverts en cuir de Cordoue.

326 — Deux Chaises à hauts dossiers, en marqueterie de bois, recouvertes en peluche violette brodée à fleurs.

327 — Jardinière sur socle en acajou, ornée de bronzes ciselés et dorés, pieds à griffes, anses à têtes de lions. Époque Ier Empire.

328 — Encrier en thuya, à cariatides d'amours terminées par des rinceaux, ornements à mascarons et guirlandes de fleurs en bronze ciselé et doré. Époque Ier Empire.

329 — Petit Paravent en noyer ciré, à deux feuilles garnies en ancienne tapisserie d'Aubusson, gainées au revers de soie Louis XVI à fleurs.

330 — Commode forme demi-lune, en bois rose, avec ornements en bronze et dessus de marbre blanc. Époque Louis XVI.

331 — Six Fauteuils en bois sculpté, peints en gris, recouverts en tapisserie au petit point, à médaillons allégoriques et fleurs sur fond gris. Époque fin Louis XVI.

332 — Fauteuil Dagobert en noyer sculpté, coussin et dossier garnis en ancienne brocatelle, fond jaune.

333 — Beau Bureau à quatre faces en acajou, garni de plaques et moulures en cuivre, ornements en bronze, dessus en drap rouge.

334 — Divan et trois Coussins garnis en peluche violette, brodée de fleurs.

335 — Bibliothèque en acajou et filets de cuivre. Époque Louis XVI.

336 — Bibliothèque en marqueterie de bois, à fleurs et ornements. Travail hollandais.

337 — Crédence à pans coupés en bois sculpté, de style gothique, ouvrant à deux vantaux formés de panneaux à fleurs de lys et lions héraldiques, montants à fleurs sculptées en relief supportant le couronnement ; ornements en fer découpé.

338 — Jardinière en chêne sculpté, ornée de plaques en faïence, à figures de femmes allégoriques.

339 — Petite Glace dans un cadre en bois sculpté et doré, fronton à têtes d'anges. Époque Louis XIV.

340 — Chiffonnier en palissandre orné de bronzes. Époque Louis XV.

341 — Petite Commode à trois tiroirs en palissandre, bois rose et marqueterie, ornements en bronze, dessus en marbre rouge. Époque Louis XVI.

342 — Glace en deux parties dans un cadre sculpté et doré, fronton à médaillon et attributs. Époque Louis XVI.

343 — Guéridon rond en acajou, garni de cuivre, dessus de marbre blanc. Époque Louis XVI.

344 — Piano en palissandre, de Pleyel-Wolf.

345 — Chaise en bois sculpté et doré de style Louis XVI, recouverte en ancienne soie brochée à bouquets de fleurs sur fond crème.

346 — Fronton en bois sculpté Renaissance, à cariatides et chevaux ailés, couronné par un aigle debout.

347 — Table en bois sculpté, entrejambe à colonnettes, montants à rinceaux feuillagés. Style Renaissance.

348 — Chiffonnier en acajou garni de cuivre.

349 — Table de nuit ovale en acajou, garnie de cuivre, dessus de marbre blanc.

350 — Plateau rectangulaire en bois du Tonkin, orné d'incrustations de nacre.

351 — Petit plateau ovale, analogue.

352 — Deux Plateaux à bords contournés en bois laqué, décorés de peintures à sujets de chasse et sujets galants. Époque Louis XV.

353 — Lustre en verre de Venise à fleurs et ornements en couleur.

TAPISSERIES

TAPIS D'ORIENT, TENTURES

354 — Belle Décoration de baie, en ancienne tapisserie de la Renaissance, formée d'un bandeau et de deux pentes, dessin représentant des personnages mythologiques, des femmes, des jardinières fleuries et des petits médaillons à sujets de chasse, montés sur fond de velours de lin rouge, et garnis de pompons assortis.

355 — Portière en ancienne tapisserie flamande, représentant une invocation à un roi, avec bordure à petits personnages, vases fleurs, volatiles et fruits. XVIe siècle.

356 — Panneau en ancienne tapisserie de Bruxelles, représentant les servantes de Cérès. XVIIe siècle.

357 — Trois Tapisseries représentant des paysages avec pièces d'eaux, animés de volatiles et vues de châteaux en perspective, bordures à fleurs et oiseaux. XVIIIe siècle.

358 — Suite de trois petites Tapisseries d'Aubusson, représentant des volatiles dans des paysages animés de cours d'eau avec perspectives de châteaux, bordures à fleurs et ornements. XVIIIe siècle.

359 — Panneau en ancienne tapisserie d'Aubusson, offrant deux scènes historiques, compositions à petits personnages.

360 — Deux petits Panneaux en ancienne tapisserie verdure d'Aubusson.

361 — Portière en ancienne tapisserie d'Aubusson, représentant un groupe de personnages et musicien auprès d'une fontaine, fond à feuillages et perroquet.

362 — Portière en ancienne tapisserie d'Aubusson, dite verdure, décor à volatile et vue de château, bordure à montants feuillagés, carquois et coquilles.

363 — Beau Panneau Louis XIV en broderie de soie à fleurs et rinceaux sur fond métallique, orné au centre d'un médaillon à buste de personnage.

364 — Un lot de Bordures et Fragments de tapisseries anciennes (11 morceaux).

365 — Carpette de Smyrne fond rouge.

366 — Autre d'Orient fond gros bleu.

367 — Grand Tapis d'Orient fond rouge avec médaillon à rosace jaune au centre et bordure fond blanc, dessin en polychrome.

367 *bis* — Carpette de Smyrne fond rouge, dessin en vert et bleu.

368 — Carpette d'Orient, fond bleu turquoise, décor polychrome.

369 — Portière en velours de lin rouge avec personnage en ancienne tapisserie garnie de galons assortis.

370 — Tapis long d'Orient, fond brun, dessin polychrome.

371 — Deux Décors de croisées et un Décor de porte en satin jaune rayé, composé de six rideaux et deux bandeaux. Style Louis XVI.

372 — Décor de baie formé de deux pentes et d'un bandeau en satin jaune avec broderie de soie à guirlandes fleuries et bouquets de fleurs détachés. Style Louis XVI.

373 — Deux Têtières en ancien filet vénitien brodé.

374 — Décors de deux croisées en ancien damas de soie rouge, formé chacun de deux pentes et d'un bandeau.

375 — Deux Portières analogues.

376 — Tapis de table en ancien damas de soie chaudron, orné d'applications en broderies de soies et d'argent, dessin à palmes, treillages et fruits, bordé d'une frange.

377 — Décor de baie en velours de lin rouge, formé de deux pentes et d'un bandeau, orné de galons en soierie, fond vert, dessin en grisaille.

378 — Deux Panneaux en satin de Chine, fond bleu et rouge à oiseaux et fleurs.

379 — Grand Panneau en soierie, fond vert, brodée à bouquets de fleurs détachés.

TABLEAUX, AQUARELLES, DESSINS PASTEL

BÉNASSIT (F.)

380 — L'Orage.

Des Cavaliers retour de la chasse sont surpris par un orage en pleine campagne.

Aquarelle.

BLANCHE (J.-E.)

381 — Portrait de Petite Fille.

Pastel.

Signé à droite.

BOTTICELLI (D'après)

382 — Le Printemps.

383 — La Naissance de Vénus.

Deux très belles photographies, procédé Braun.

BROWN (John-Lewis)

384 — Cavalier Louis XV.

Signé à droite.

Porte une dédicace sur le revers du panneau.

CALAMETTA (Attribué à)

385 — Portrait d'un Prélat.

Dessin.

CHARLET (?)

386 — Le Coup de Vent.

387 — Le Portrait de Bébé.

Deux dessins dans un même cadre.

CHARLET (?)

388 — Cavalier chargeant le Peuple. Scène d'insurrection.

Sépia.

CHINTREUIL

389 — Éclaircie dans une Forêt.

CHINTREUIL

390 — Bateaux de pêche dans un petit port.

CHINTREUIL

391 — Après l'Orage ; Souvenir de Picardie.

Signé à gauche.

COBIANCHI (J.)

392 — Gondole sur un canal à Venise.

CRANACH (Lucas-Sunder)

393 — Adoration de l'Enfant Jésus par saint Jean-Baptiste.

Saint Jean agenouillé devant Jésus qui le bénit tenant de la main gauche la croix ; auprès d'eux l'agneau pascal. Image symbolique.

Signé à gauche du dragon ailé, marque de l'artiste, et daté 1534.

DAUBIGNY (Karl)

394 — Paysage traversé par un rivière et animé de figures et de volatiles.

Signé à gauche 1885.

DETAILLE (Édouard)

395 — Cuirassier à cheval en grande tenue.

Aquarelle.

On lit à gauche : à M. Francis Magnard. — Édouard Detaille, 1883.

DUEZ (E.)

396 — Paysage marécageux.

Dessin.

DUMOULIN (Louis)

397 — Paysage oriental au bord de la mer.

DUMOULIN (Louis)

398 — Divinité chinoise dans un jardin.

DUMOULIN (Louis)

399 — Vue de Paris ; Bords de la Seine.

GOYEN (Attribué à J. Van)

400 — Paysage animé de figures et d'animaux et traversé par un cours d'eau.

GOYEN ((Attribué à J. Van)

401 — Bords de Rivière en Hollande.

GUILLEMET

402 — Plage à marée basse.

HEILBUTH (F.)

403 — Jeune Femme assise dans un parc.

Aquarelle.

Signé à gauche.

HÉREAU (Jules)

404 — Vaches au pâturage.

LAVIEILLE (Eugène)

405 — L'Entrée du Village ; Paysage, effet de nuit.

Signé à gauche.

A droite : à M. F. Magnard.

LAVREINCE (D'après)

406 — La Balançoire mystérieuse.

Gravure cadre doré.

LAVREINCE (D'après)

407 — Le Colin Maillard.

Gravure rehaussée de gouache. Cadre doré.

MASSON (Bénédict)

408 — Ève.

Dessin à la sanguine.

MATHON (E.)

409 — Les premières Maisons du village; Paysage.

MICHEL

410 — Paysage avec figures.

MINIET

411 — Vue de Biarritz.

Peinture en grisaille sur feuille d'éventail en soie.

MONTENARD

412 — Chèvres broutant dans un pré.

Pastel.

Signé à droite.

MORAND (Eugène)

413 — Batelier sur un canal à Venise.

Aquarelle.

NITTIS (D.)

414 — Jeune Femme assise tenant un éventail.

Signé à gauche.

PRUD'HON (Attribué à)

415 — Sujet allégorique.

Dessin.

RAFFAELLI

416 — La Lecture des affiches.

Aquarelle.

Signé à droite.

RENAN (A.)

417 — Rivière dans les montagnes.

Effet du soir.

Signé à droite.

RIOU

418 — Fête donnée au *Figaro* en l'honeur du Shah de Perse.

Sépia.

ROSSANO

419 — Paysage, effet d'Hiver.

420 — Paysage, effet d'Automne.

Deux pendants.

SISLEY

421 — La Seine aux environs de Paris.

Signé à gauche.

SOKOLOFF (Pierre)

422 — Chasse aux Loups.

Aquarelle.

TROUILLEBERT

423 — Une Rue à Venise.

TROUILLEBERT

424 — Paysage avec rivière.

VAN DER HEYDEN (Attribué à)

425 — Grande Place d'une ville en Hollande.

VAN DER NEER (Attribué à)

426 — Le Patinage en Hollande.

VAN DER VELDE

427 — Patinage en Suède.

VEYRASSAT (J.)

428 — Village au bord d'une rivière.

Signé dans le bas.

WILLETTE

429 — Deux Dessins à la plume dans un même cadre.

20 ans. — Corps de Ballet.

50 ans. — Corps de Bâtiment.

ÉCOLE FLAMANDE

430 — Vase de Fleurs.

ÉCOLE FRANÇAISE

431 — Jeune Femme décolletée tenant une colombe.

Pastel.

ÉCOLE MODERNE

432 — Le Départ des bateaux.

ÉCOLE MODERNE

433 — Paysage avec maison et cours d'eau.

Pastel.

ÉCOLE MODERNE

434 — Paysage accidenté avec figure de femme portant un fagot.

Aquarelle.

ÉCOLE MODERNE

435 — La Plage de Trouville.

Dessin.

436 — Deux Estampes turques; Scènes de Batailles.

437 — Peinture sur onyx : l'Annonciation.

438 — Deux Gravures : le Bal paré et le Concert après le bal.

439 — Deux Gravures anglaises en couleur : la Nuit orageuse. — Le Matin devenu calme.

440 — Deux Gravures anglaises en couleur : Health and Sickness. — Birth day present to old Nurse.

441 — Gravure à la sanguine d'après CAZAL : Paul Verlaine à l'hôpital.

442 — Objets omis.

www.ingramcontent.com/pod-product-compliance
Ingram Content Group UK Ltd.
Pitfield, Milton Keynes, MK11 3LW, UK
UKHW031959260826
14628UKWH00005B/2152

9 782329 511122